Ratgeber Lese-Rechtschreibstörungen

Ratgeber
Kinder- und Jugendpsychotherapie

herausgegeben von

Prof. Dr. Manfred Döpfner, Prof. Dr. Gerd Lehmkuhl
Prof. Dr. Franz Petermann

Band 6

Ratgeber
Lese-Rechtschreibstörungen

von

Andreas Warnke, Uwe Hemminger,
und Ellen Plume

Hogrefe • Verlag für Psychologie
Göttingen • Bern • Toronto • Seattle

Ratgeber Lese-Rechtschreib-störungen

Informationen für Betroffene, Eltern, Lehrer und Erzieher

von

Andreas Warnke, Uwe Hemminger,
und Ellen Plume

Hogrefe • Verlag für Psychologie
Göttingen • Bern • Toronto • Seattle

Prof. Dr. med., Dipl.-Psych. Andreas Warnke, geb. 1945. Seit 1992 Lehrstuhlinhaber und Direktor der Klinik und Poliklinik für Kinder- und Jugendpsychiatrie und Psychotherapie der Universität Würzburg.

Dr. phil. Uwe Hemminger, geb. 1962. Seit 1990 wissenschaftlicher Angestellter, seit 1997 leitender klinischer Psychologe an der Klinik und Poliklinik für Kinder- und Jugendpsychiatrie und Psychotherapie der Universität Würzburg.

Dr. phil. Ellen Plume, geb. Roth, geb. 1968. Seit 1998 wissenschaftliche Angestellte an der Klinik und Poliklinik für Kinder- und Jugendpsychiatrie und Psychotherapie der Universität Würzburg.

Bibliografische Information Der Deutschen Bibliothek
Die Deutsche Bibliothek verzeichnet diese Publikation in der Deutschen Nationalbibliografie; detaillierte bibliografische Daten sind im Internet über http://dnb.ddb.de abrufbar.

http://www.hogrefe.de
Aktuelle Informationen • Weitere Titel zum Thema • Ergänzende Materialien

---

Abbildungen: Klaus Gehrmann, Koblenz; www.neuebildwelten.de
Satz: Beate Hautsch, Göttingen
Druck: Schlütersche Druck, Langenhagen
Printed in Germany
Auf säurefreiem Papier gedruckt

ISBN 3-8017-1635-X

Inhalt

1. Kennen Sie das?

Der 10 Jahre alte Peter ist eigentlich ein recht aufgewecktes und wissbegieriges Kind, das Lesen und Rechtschreiben bereitet ihm jedoch große Mühe. Schon in der 1. Klasse hatte Peter große Schwierigkeiten, sich die Buchstaben zu merken. Er verwechselte oft d und b oder ie und ei. Auch heute noch fällt ihm das Lesen schwer, da er sich die einzelnen „Wortbilder" nicht einprägen kann und deshalb beinahe jedes Wort Buchstabe für Buchstabe erlesen muss, was natürlich viel Zeit in Anspruch nimmt. Weil ihn das Lesen soviel Anstrengung kostet, kann er sich nicht auf den Inhalt des Textes konzentrieren und versteht oft gar nicht, was er gerade gelesen hat. Deshalb versagt Peter nicht selten bei den Textaufgaben in Mathematik, obwohl er ein guter Rechner ist. Beim Schreiben hat Peter noch mehr Schwierigkeiten. Wenngleich er die Lernwörter täglich zuhause übt, macht er im Diktat unzählige Fehler, so dass er meist eine 5 oder 6 bekommt. Dabei treten nicht immer die gleichen Fehler auf, sondern viele verschiedene. Beispielsweise vergisst oder verwechselt Peter Buchstaben, beherrscht die Groß- und Kleinschreibung nicht und ist sich nie sicher, wann er einen Mitlaut verdoppeln muss oder wann ein „h" im Wort vorkommt. Weil Peter schon oft schlechte Noten bekam, ist er vor dem Schreiben eines Diktats sehr nervös und unkonzentriert. Er fürchtet, erneut zu versagen. Nachts kann Peter dann vor Aufregung schlecht einschlafen und morgens geht er mit Bauchschmerzen in die Schule. Nur in den Ferien fühlt er sich besser. Schon oft fragte er sich, ob er jemals richtig lesen und schreiben lernen werde oder ob er vielleicht zu dumm dazu sei.

Philipp besucht die zweite Klasse, doch geht er nicht gerne zur Schule. Im Unterricht kann er sich nicht gut konzentrieren, lässt sich leicht von seinen Mitschülern ablenken, zappelt herum, stört selbst andere und ruft dazwischen, so dass es immer wieder einen Grund gibt, ihn zu ermahnen. Große Probleme hat Philipp beim Lesen und Rechtschreiben, obwohl er sich sehr bemüht. Da Philipp sehr langsam liest, wird er oft von seinen Mitschülern gehänselt. Auch wegen seiner vielen Fehler in den Nachschriften wurde er schon ausgelacht. Meist kommt Philipp frustriert nach Hause und hat keine Lust, Hausaufgaben zu machen. Seine Mutter muss ihn immer wieder neu motivieren und bei den Hausaufgaben eng begleiten. Nicht selten kommt es zu Streitereien und Auseinandersetzungen. Wegen der Probleme im Lesen und Rechtschreiben und der zusätzlichen Konzentrationsschwierigkeiten benötigt Philipp viel Zeit und sitzt meist den ganzen Nachmittag an den Schulaufgaben. Abends wird zusätzlich noch Lesen und Rechtschreiben geübt. Philipp verbessert sich jedoch kaum und seiner Mutter ist es unbegreiflich, warum er Wörter immer wieder falsch schreibt, obwohl sie vorher intensiv geübt wurden. Philipps Eltern sind ratlos. Kann oder will Philipp nicht lesen und schreiben lernen?

2. Woran erkenne ich Kinder mit Lese-Rechtschreibschwierigkeiten?

Die überwiegende Anzahl der Kinder lernt lesen beginnend mit der Einschulung. Zehn Buchstaben werden in den ersten 9 bis 12 Schulwochen gelernt und 20 bis 30 Wörter unterrichtet. Bereits von Schulbeginn an beherrschen Kinder, die von Lese-Rechtschreibschwierigkeiten stark betroffen sind, die gelernten Buchstaben-Laut-Zuordnungen nicht sicher. Sie können diese Buchstaben folglich beim Lesen- und Schreibenlernen von Wörtern nicht nutzen. Beim Abschreiben machen die Kinder dagegen meist nur wenige Fehler.

Oft hat das Kind zudem Schwierigkeiten, Laute akustisch zu unterscheiden, z.B. „o“ und „u“. Der einzelne Buchstabe kann zwar lautiert werden, das Zusammenfügen der Laute zu einem Wort gelingt jedoch nicht oder nur sehr unzureichend. Wenn Kinder zu Hause besonders viel üben, können sie nur scheinbar „lesen“. In Wirklichkeit haben sie den Text mühevoll auswendig gelernt. Dies gelingt meist denjenigen Kindern, die gut begabt sind. Schwierigkeiten treten dann auf, wenn unbekannte Texte abgefragt werden und vorgelesen werden müssen.

Leseschwierigkeiten können sich wie folgt zeigen:
- Auslassen, Ersetzen, Verdrehen oder Hinzufügen von Worten oder Wortteilen;
- Verlangsamte Lesegeschwindigkeit;
- Startschwierigkeiten beim Vorlesen, langes Zögern oder Verlieren der Zeile im Text, stockendes Lesen von Wort zu Wort, aber auch von Buchstabe zu Buchstabe; ungenaues, nicht sinnhaftes Betonen beim Lesen;
- Vertauschen von Worten im Satz oder von Buchstaben in Wörtern;
- Unfähigkeit, Gelesenes wiederzugeben, aus Gelesenem Schlüsse zu ziehen oder Zusammenhänge zu sehen.

Bei besonders starken Leseschwierigkeiten gelingt es dem Kind meist nicht, den Lesefehler zu erkennen. Es kann sich nicht korrigieren, auch wenn es auf den Fehler hingewiesen wird. Nicht selten liest ein Kind ein richtig gelesenes Wort im nächsten Satz wieder falsch, dann wieder richtig und dann in anderer Form wieder fehlerhaft. Es scheint, als ob das gelesene Wort in seinem orthographischen Bild oder in seiner Lautstruktur nicht wieder erkannt oder erinnert werden kann.

Rechtschreibschwierigkeiten werden meist in der Schule erst bei ungeübten Diktaten deutlich. Kinder mit ausgeprägter Rechtschreibstörung scheitern von Anfang an beim Rechtschreiben. Folgende Besonderheiten können beobachtet werden:

- Verdrehungen von Buchstaben im Wort (Reversionen): z. B. b-d, p-q, u-n;
- Umstellungen von Buchstaben im Wort (Reihenfolgefehler): z. B. die-dei;
- Auslassungen von Buchstaben: z. B. „ach“ anstatt „auch“;

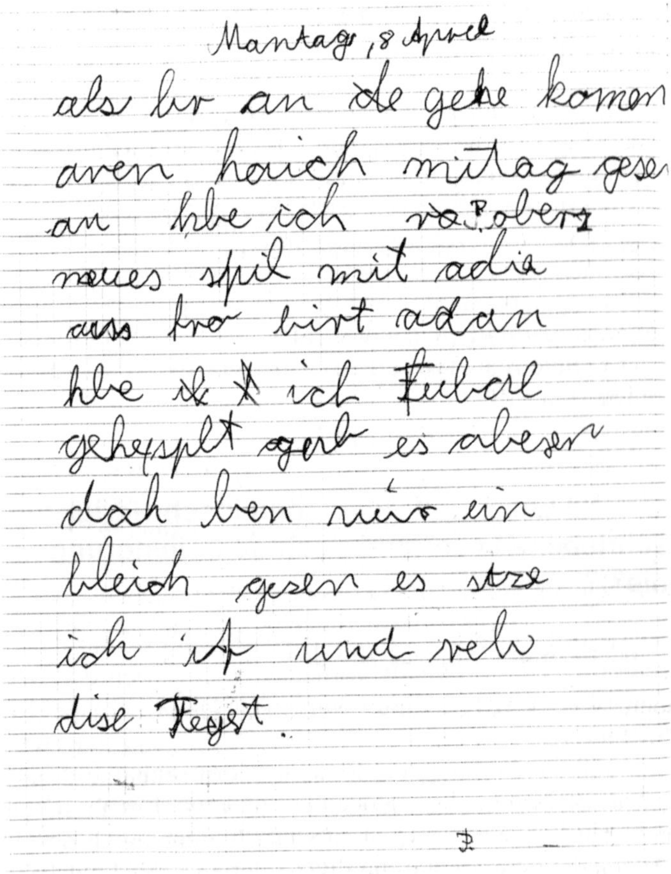

Abbildung 1:
Schüler 10 Jahre, 4. Klasse, Grundschule. Diagnose: Lese-Rechtschreibstörung

- Einfügungen falscher Buchstaben: z. B. „Artzt“ anstatt „Arzt“;
- Dehnungsfehler: z. B. „Zan“ anstatt „Zahn“; „ihm“ anstatt „im“;
- Fehler in der Groß- und Kleinschreibung (Regelfehler): z. B. „tisch“ anstatt „Tisch“;
- Verwechslung von d-t, g-k, v-f (Wahrnehmungsfehler);
- Fehleränderung: ein- und dasselbe Wort wird immer wieder unterschiedlich fehlerhaft und zwischendurch auch richtig geschrieben (Fehlerinkonstanz).

3. In welchem Alter werden Lese-Rechtschreibschwierigkeiten sichtbar?

Grundsätzlich: Erst im *Schulalter* ist eine Diagnose möglich. Bei Kindern mit schwerer Legasthenie werden die Lese-Rechtschreibprobleme bereits in der ersten und zweiten Grundschulklasse deutlich. Bei besonders intelligenten Kindern manchmal erst nach dem Wechsel auf die Realschule oder auf das Gymnasium. Im *Vorschulalter* lässt sich die Diagnose nicht stellen. Es können jedoch mittels eines Testverfahrens, dem Bielefelder Screening zur Früherkennung von Lese-Rechtschreibschwierigkeiten, diejenigen Kinder ausfindig gemacht werden, die mit einem Risiko behaftet sind, in der Schule Schwierigkeiten beim Schriftspracherwerb zu entwickeln (Jansen et al., 1999).

4. Wann sind Lese- und Rechtschreibschwierigkeiten eine umschriebene Lese- und Rechtschreibstörung („Legasthenie“)?

Von einer Lese-Rechtschreibstörung (Legasthenie) ist nur dann zu sprechen, wenn folgende Merkmale vorliegen, wie sie von der Weltgesundheitsorganisation (WHO) definiert wurden (ICD-10; Dilling, Mombour & Schmidt, 1994):
- Die mit individuell durchgeführten, standardisierten Tests für Lesegenauigkeit, Lesetempo, Leseverständnis und/oder Rechtschreibfertigkeit gemessenen Leistungen liegen wesentlich unter denen, die auf Grund des Alters, der gemessenen Intelligenz und der altersgemäßen Bildung einer Person zu erwarten wären.
- Die Lese- und Rechtschreibstörung behindert deutlich die schulische

Leistung oder Aktivitäten des täglichen Lebens, bei denen Lese- und Rechtschreibleistungen benötigt werden.
- Die Lese-Rechtschreibstörung erklärt sich nicht durch eine andere erstrangige psychische Erkrankung oder andere neurologische Erkrankung oder Behinderung, wie z. B. motorische Behinderung (Zerebralparese), Epilepsie, Hör- oder Sehbeeinträchtigung. Sie erklärt sich auch nicht durch eine erworbene Hirnerkrankung (z. B. Hirnentzündung), die zum Verlust der bereits erlernten Lese-Rechtschreibfertigkeit geführt hat.

5. Müssen Lese- und Rechtschreibstörungen immer gemeinsam auftreten?

Bei umschriebenen Rechtschreibstörungen sind fast immer auch Lesestörungen vorhanden. Auch wenn Fortschritte im Lesen gemacht werden und Lesen erlernt wird (was bei den meisten Personen mit Legasthenie der Fall ist), bleiben Rechtschreibprobleme bis in das Erwachsenenalter bestehen. Manche Personen können auch unter einer isolierten Rechtschreibstörung leiden ohne Vorgeschichte einer Lesestörung.

6. Können Lese-Rechtschreibprobleme auch Hinweise auf andere Störungen sein?

Ja. Wichtig ist die Intelligenz. Kinder, denen das Lernen ganz allgemein sehr schwer fällt, Kinder mit Lern- oder mit geistiger Behinderung haben fast immer auch Lese- und Rechtschreibschwierigkeiten. Lese- und Rechtschreibprobleme können auch im Rahmen einer neurologischen Erkrankung auftreten, etwa einer Bewegungsstörung (z. B. Spastik oder Muskelerkrankung) oder einer Epilepsie. Sinnesfunktionsstörungen (Seh- oder Hörstörungen) können ebenfalls Lese-Rechtschreibprobleme bedingen. Von der Legasthenie ist der *Verlust* einer bereits erworbenen Lese- und Rechtschreibfähigkeit zu unterscheiden. In Deutschland wird der Verlust einer bereits erworbenen Lesefähigkeit als „Dyslexie“, der Verlust von Rechtschreibfähigkeit als „Dysgraphie“ bezeichnet. Ursachen für den Verlust können eine erworbene Hirnschädigung, z. B. in Folge eines Schädelhirntraumas, Hirnverletzungen durch Unfall, Gehirnentzündungen oder auch Hirnoperationen sein. Auch im Rahmen einer psychischen Erkrankung, z. B. Schizophrenie – eine seltene Erkrankung bei Kindern - kann es zur Störung der Schriftsprache kommen. Lese- und Rechtschreibprobleme können auch Folge einer primären psychischen Erkrankung sein (z. B. bei einer hyperkinetischen Störung, also schwerer Aufmerksamkeitsstörung). Versagt das Kind im Lesen und Rechtschreiben in Folge einer mangelnden Unterrichtung, spricht man von einem Analphabetismus. Dies sind alles Gründe für Hindernisse beim Erlernen des Lesens und Rechtschreibens.

7. Welche weiteren Probleme treten auf?

Da vor der Einschulung im Lesen und Rechtschreiben noch keine Anforderungen an die Kinder gestellt wurden, sind viele Kinder mit Legasthenie bis zu diesem Zeitpunkt in ihrer Entwicklung unauffällig. Wie andere Kinder entwickeln sie den Ehrgeiz lesen, rechnen und schreiben zu lernen. Groß ist die Enttäuschung, wenn sie bemerken, dass ihnen dies nicht gelingt. Verzweifelt und ratlos sind auch die Eltern.

Egal welcher Übungsaufwand betrieben wird, ab der dritten Klasse stehen die Noten 5 oder 6 unter den Diktaten und Nachschriften. Bei schwergradiger Legasthenie beginnen die Hausaufgabenprobleme bereits in den ersten Schulwochen. Viele Kinder mit Legasthenie beginnen zu leiden, wenn alle ihre Anstrengungen erfolglos bleiben. Sie werden hilflos und oft gedemütigt.

Vorausgehende und begleitende Schwierigkeiten bei Legasthenie können sein:

Sprachschwierigkeiten: Viele Kinder mit Legasthenie lernen oft später in Sätzen zu sprechen, Laute richtig auszusprechen („Artikulationsstörung"), grammatikalisch richtig zu formulieren, (z. B. Sätze sind unvollständig, der/die/das werden verwechselt, „Dysgrammatismus") oder die richtigen Worte zu finden („Wortfindungsstörung"). Oft fällt das Auswendiglernen von Gedichten schwer; das Benennen von Gegenständen, Farben usw. ist verlangsamt.

Visuelle und visuo-motorische Symptome sind bei einem geringeren Teil der Kinder mit Legasthenie auch schon im Vorschulalter beobachtbar. Die Kinder malen ungern und zeigen oft schon im Kindergarten Schwierigkeiten beim Schneiden mit der Schere, bei der Stifthaltung oder beim Gebrauch von Besteck. Ungeschick beim An- und Auskleiden, Zuknöpfen oder Schleifebinden gehören häufig dazu. Anderen Kindern fällt es schwer, die Uhrzeit aus dem Zeigerstand abzulesen oder rechts und links zu unterscheiden sowie komplizierte Figuren aus einer Menge anderer Figuren zu erkennen, solche Figuren abzuzeichnen oder aus dem Gedächtnis heraus zu zeichnen.

Aufmerksamkeitsschwierigkeiten, motorische Unruhe und Impulsivität sind häufiger mit Lese-Rechtschreibstörungen verbunden. Bei der Diagnose einer Legasthenie ist es wichtig zu prüfen, ob nicht zusätzlich eine sogenannte „hyperkinetische Störung" vorliegt, welche im Einzelfall gut zu behandeln ist. Die hyperkinetische Störung ist gekennzeichnet durch eine erhöhte und situationsübergreifende motorische Unruhe, eine Aufmerksamkeitsstörung und eine erhöhte Impulsivität (vgl. Ratgeber Hyperkinetische Störungen von Döpfner, Frölich & Lehmkuhl, 2000).

Psychische Auffälligkeiten sind häufig, wenn es neben dem Versagen im Lesen und Rechtschreiben zu allgemeinen schulischen Nachteilen kommt. Wenn das Kind täglich im Unterricht und bei den Hausaufgaben für minderbegabt gehalten wird und vielleicht gehänselt wird. Nicht selten kommt es zu folgenden psychischen und erzieherischen Schwierigkeiten:

a) *Konzentrationsstörungen und motorische Unruhe als Folge der Legasthenie.* Kinder mit Lese-Rechtschreibschwierigkeiten haben im Allgemeinen Schwierigkeiten, ausdauernd dem Unterricht zu folgen, da sie zu sehr mit Lesen und Schreiben beschäftigt sind. Auf Grund der großen Anstrengung beim Lesen und Schreiben werden die Kinder im Laufe des Schulvormittags unkonzentrierter und unruhiger, auch wenn sie grundsätzlich dazu fähig sind, aufmerksam zu sein und still zu sitzen. Wenn es nicht um Lesen und Rechtscheiben geht, sind Kinder mit Legasthenie dagegen konzentriert und motorisch beherrscht. Eine hyperkinetische Störung liegt demzufolge nicht vor.

b) *Allgemeines schulisches Versagen bei schulischen Leistungsanforderungen.* Lesen und Rechtschreiben werden in allen Schulfächern benötigt, so dass sich Lese-Rechtschreibschwierigkeiten nicht nur im Deutschen sondern auch in anderen Fächern, insbesondere in den Fremdsprachen nachteilig auswirken. Vor allem Textaufgaben in Mathematik werden bei vorhandenem Rechenvermögen zu einer unüberwindbaren Hürde.

c) *Lernunlust.* Kinder mit Legasthenie, die immer wieder in der Schule versagen, versprechen sich keinen Lernerfolg. Es fällt ihnen deshalb schwer, sich an die Hausaufgaben zu setzen. Sie zögern den Beginn der Hausaufgaben hinaus, haben keinen Spaß am Lernen und beteiligen sich auch kaum am Unterricht. Wiederholte Misserfolge und Frustrationserlebnisse führen nicht selten zu depressiven Verstimmungen.

d) *Zeichen von Schulangst und Versagensangst sind körperliche Beschwerden.* Häufig klagen die Kinder über Bauchschmerzen, Übelkeit bis hin zum Erbrechen im Zusammenhang mit schulischen Anforderungen. Freitag Nachmittag nach Schulschluss verschwinden die Symptome und treten am Sonntagabend wieder auf. In den Ferienzeiten verschwinden sie ebenso und kommen mit Regelmäßigkeit am Beginn der Schulzeit wieder zurück. Die Kinder verstummen im Unterricht, denn sie glauben, sowieso nichts beitragen zu können. Manche Kinder verweigern Hausaufgaben und Schulbesuch. Sie geraten in panische Angst, wenn die Eltern sie zum Schulbesuch „zwingen" wollen. Folgen sind schulische Fehlzeiten und zusätzliche Lernrückstände, was die Rückkehr in die Klasse nur noch schwerer macht.

e) *Erziehungsschwierigkeiten, Disziplinprobleme.* Erziehungsschwierigkeiten sind bei Schülern mit Lese-Rechtschreibschwierigkeitn oft Anzeichen einer schulischen Überforderung und Hilflosigkeit. Es ist kein böser Wille oder falsche Erziehung oder schlechter Unterricht, wenn das Kind beginnt, den Schulbesuch oder die Hausaufgaben zu verweigern, den Unterricht zu stören, Mitschüler zu ärgern oder „Klassenkasper" zu spielen.

f) *Hausaufgabenkonflikte* sind die Regel und treten bei Schülern mit schwergradiger Legasthenie bereits nach wenigen Schultagen ein.

Streit und Tränen werden immer wahrscheinlicher, je vergeblicher die Bemühungen des Kindes und der Eltern sind, mit den Hausaufgaben zurecht zu kommen. In der Grundschule machen sie durchschnittlich mehr als 2 Stunden täglich Hausaufgaben, sie bemühen sich mehr als ihre gleichaltrigen Mitschüler und sind doch weniger erfolgreich.

8. Wie ist die weitere Entwicklung?

Die meisten Kinder mit einer Lese-Rechtschreibstörung erreichen eine hinreichende Lesefertigkeit. Das Lesetempo bleibt meist verlangsamt. Die Rechtschreibung wird in der Regel jedoch nicht fehlerlos erlernt. Absolut gesehen verbessert sich die Rechtschreibfähigkeit. Der Abstand zu den Personen ohne Lese-Rechtschreibschwierigkeiten bleibt jedoch weiter bestehen.

Die Störungen im Lesen und Rechtschreiben wirken sich auf die Leistung in anderen Schulfächern sehr ungünstig aus. Der Vergleich mit den übrigen gleichbegabten Mitschülern zeigt, dass der Schulerfolg wesentlich beeinträchtigt ist. Nur 3 % der Kinder mit Legasthenie erreichen den Wechsel auf das Gymnasium und 1/6 der Kinder muss bei allgemein durchschnittlicher Intelligenzentwicklung dennoch eine Sonderschule besuchen. Eine spezifische Legasthenietherapie kann verhindern, dass der Abstand zu den Mitschülern immer größer wird. Die psychische Entwicklung und die soziale Integration von Schülern und Heranwachsenden mit Legasthenie können erheblich beeinträchtigt sein. In einer Langzeitstudie zeigte sich, dass Personen mit Legasthenie im Alter von 8, 13, 18 und auch 25 Jahren stärker psychisch belastet sind. Die Jugenddelinquenz war in einer Gruppe von Schülern mit Legasthenie im Alter von 18 Jahren um das Fünffache erhöht. Auf Grund der niedrigeren Schulbildung war auch die berufliche Integration deutlich beeinträchtigt. Im Alter von 25 Jahren waren 26% der Personen mit Legasthenie arbeitslos, im Vergleich dazu waren nur 4 % der Personen ohne Lese-Rechtschreibstörung ohne Arbeit (Esser, 2000). Dies liest sich pessimistisch. Tatsächlich trifft dies zu, wenn Schüler mit Lese-Rechtschreibschwierigkeiten ohne Verständnis und Hilfe bleiben. Hilfe ist jedoch möglich und dann kann die Zukunft des Kindes mit Legasthenie optimistisch gesehen werden. Die meisten sind später tüchtig und erfolgreich im Beruf.

9. Wie kann man eine Lese-Rechtschreibstörung erklären?

Als eine Hauptursache der Lese- und Rechtschreibstörung werden *genetische* Faktoren angenommen. Geschwister eines Kindes mit umschriebener Lese-Rechtschreibstörung sind zwischen 40 und 60 %, Eltern zwischen 25 und 50 % ebenfalls von Lese-Rechtschreibschwierigkeiten betroffen. Eineiige Zwillinge sind wesentlich häufiger gemeinsam betroffen als zweieiige Zwillinge. Es ist sehr unwahrscheinlich, dass ein einziges Gen für die Legasthenie verantwortlich ist. Es gibt vielmehr Hinweise dafür, dass verschiedene Gene für unterschiedliche kognitive Komponenten, die beim Schriftspracherwerb eine Rolle spielen, verantwortlich sind. *Insgesamt gilt, dass die Lese-Rechtschreibstörung nicht auf einen einzigen Grund zurückgeführt werden kann.* Unterschiedliche zentralnervöse Funktionen, die abhängig sind von der biologischen Reifung des zentralen Nervensystems, sind Voraussetzungen für das Erlernen des Lesens und Rechtschreibens. So ist es nahe liegend, dass auch sehr unterschiedliche funktionelle und hirnstrukturelle Besonderheiten in eine umschriebene Lese-Rechtschreibstörung münden können. Es finden sich Besonderheiten der sprachlichen Informationsverarbeitung (phonologische Bewusstheit), Besonderheiten der visuellen Informationsverarbeitung sowie Besonderheiten der Übertragung akustisch-sprachlicher Informationen in die visuell-graphische „Verschlüsselung“ alphabetischer Schriftzeichen (z. B. Übertragung der beim Diktat gehörten Lautfolge des Wortes „Mond“ in die Buchstabenfolge „M-o-n-d“) und umgekehrt. Auch finden sich Besonderheiten in der zeitlichen Informationsverarbeitung, d. h. rasch aufeinander folgende akustisch-sprachliche Laute oder Lichtreize werden langsamer im Gehirn fortgeleitet. Gedächtnisschwierigkeiten beim Abspeichern und Abrufen von Buchstaben und ganzen Wortbildern kommen ebenfalls häufig vor.

10. Wie wird die Lese- und Rechtschreibstörung festgestellt?

Ein Versagen im Erlernen des Lesens und Rechtschreibens bedeutet nicht automatisch, dass eine umschriebene Lese- und Rechtschreibstörung im Sinne einer umschriebenen Entwicklungsstörung (Legasthenie) vorliegt. Erst eine aufwändige Diagnostik, die von Kind und Eltern Geduld in der Zusammenarbeit mit den Fachleuten erfordert, stellt sicher, ob eine Lese-Rechtschreibstörung vorliegt oder nicht.

Das diagnostische Vorgehen muss den Anforderungen, wie sie heute nach internationalem Standard in der Medizin, insbesondere in der Kinder- und Jugendpsychiatrie, Psychologie und auch Pädagogik vorausgesetzt werden, entsprechen. Das Vorgehen orientiert sich dabei an dem sog. „multiaxialen Diagnoseschema". Dieses Schema ist auch Standard für die gutachterlichen Stellungnahmen zur Vorlage bei der Schule oder bei dem Jugendamt. Die multiaxiale Diagnostik beinhaltet die Untersuchung folgender Bereiche:

1. Psychische Gesundheit des Kindes (Achse 1)
2. Entwicklung der motorischen und sprachlichen Fertigkeiten sowie Entwicklung im Lesen, Rechtschreiben und Rechnen (schulische Fertigkeiten, Achse 2)
3. Intelligenzentwicklung (Achse 3)
4. Körperlich-neurologische Entwicklung (Achse 4)
5. Psychosoziale Lebensumstände des Kindes (Achse 5)
6. Einschätzung der psychosozialen Anpassung: Dies beeinhaltet die Einschätzung des Schweregrades, in dem das Kind durch die Störung beeinträchtigt ist (Achse 6).

Bei dieser multiaxialen Diagnostik muss immer ein Arzt, in der Regel ein Facharzt für Kinder- und Jugendpsychiatrie und Psychotherapie beteiligt sein.

Die Entwicklungsgeschichte des Lesens und Rechtschreibens

Mit dem betroffenen Kind, seinen Eltern und dem verantwortlichen Lehrer (meist ist es der Deutschlehrer) werden die lebensgeschichtlichen Angaben und die spezifischen Informationen zur Entwicklung und zu dem aktuellen Leistungsstand im Lesen und Rechtschreiben erfragt. Auch die Kontaktaufnahme mit dem Schulpsychologen, falls dieser nicht bereits eingeschaltet sein sollte, ist unerlässlich. Für die Rücksprache mit Lehrern und Schulpsychologen ist die Einwilligung von Kind und Eltern notwendig.

In der Befragung sind die Schulnoten im Diktat und in Aufsätzen sowie die Diskrepanz zwischen Noten im Deutschen zu Noten in anderen Schulfächern zu berücksichtigen. Da es in den ersten Grundschuljahren bei schwerer Lese- und Rechtschreibstörung zu allgemeinen schulischen Lern- und Leistungsschwierigkeiten kommen kann, ist es wichtig, die schulischen Leistungen in den ersten Grundschuljahren zu erfragen und darüber hinaus eine ausführliche Intelligenzdiagnostik durchzuführen.

Bericht über soziales Verhalten, Lernverhalten und Leistungsstand

war ein aufgeschlossener, kontaktbereiter Schüler, der sich rasch in die neue Klassengemeinschaft eingelebt hatte. Seinen Mitschülern gegenüber verhielt er sich rücksichtsvoll und hilfsbereit. Probleme anderer Klassenkameraden waren ihm nicht gleichgültig, und er konnte sich gut in die Situation anderer hineinversetzen. Der Schüler beteiligte sich rege und mit Interesse am Unterricht. Seine Äußerungen waren genau durchdacht und bereicherten das Gespräch. Wichtige Gedankengänge erkannte er und seine Lösungsvorschläge waren oft einfallsreich. Schriftliche Aufgaben erledigte ausdauernd und selbstständig. Auf die nötige Sorgfalt musste er jedoch immer wieder hingewiesen werden. Er zeigte, dass er gleichmäßig schreiben konnte, wenn er sich Mühe gab. Beim Schreiben hatte er oft Mühe, genau die Zeilenführung einzuhalten. Die Hausaufgaben erledigte er zuverlässig. Seine Lesefertigkeit entwickelte sich weiter. Er las auch unbekannte Texte fast fehlerfrei und im angemessenen Tempo vor. Den Inhalt der Lesestücke verstand er und äußerte sich dazu sachgerecht. Sein Wortbildgedächtnis war noch nicht sicher genug ausgeprägt. Dem Schüler fiel es nicht leicht, geübte Sätze fehlerfrei aufzuschreiben. Buchstabenauslassungen oder Lautverwechslungen waren hierbei keine Seltenheit. Im Bereich Rechtschreiben braucht weiterhin intensive Unterstützung, um den geforderten Ansprüchen zu genügen.

Im Fach Mathematik kam der Schüler mit dem Zahlenraum bis 100 problemlos zurecht. Aufgaben in den erlernten Grundrechenarten löste er oft fehlerfrei. Auch Ergänzungs- und Umstellungsaufgaben führte er richtig aus und fand zu Rechengeschichten die passenden Gleichungen. Im Kopfrechnen war er schnell. Im Heimat- und Sachkundeunterricht erfreute durch sein umfangreiches Vorwissen. ---

Anregungen zu musikalischer Betätigung griff der Schüler gerne auf. Mit Freude beteiligte er sich am Sportunterricht und zeigte großes Geschick im Umgang mit dem Ball. Im Fach Kunsterziehung beschäftigte er sich ausdauernd mit bildnerischen Aufgaben und bewies hier Fantasie. Im evangelischen Religionsunterricht war er rege bei der Sache und beteiligte sich mit guten Beiträgen am Unterrichtsgespräch. Die Konzentration im Fach Textilarbeit/ Werken ließ zu wünschen übrig. Die Werkstücke führte der Schüler meist richtig aus.---

Abbildung 2: Text eines Zeugnisses. Schüler 8 Jahre, 2. Klasse

In aller Regel sind mündliche Leistungen deutlich besser als schriftliche. Einsicht in Schulhefte und Schulzeugnisse geben Aufschlüsse über die Art und Häufigkeit der Fehler beim Lesen und Rechtschreiben. Die vorschulische Entwicklung der Sprache, der Motorik, der visuomotorischen Koordination, der Aufmerksamkeit und Impulsivität ist zu prüfen. Art, Qualität und Regelmäßigkeit der schulischen Unterrichtung im Lesen und Rechtschreiben müssen erfragt werden. Häufiger Klassen-, Schul- und Lehrerwechsel kann die Lese- und Rechtschreibleistung ebenso sehr beeinflussen wie eine Mangelbeschulung.

Häufig zeigen Kinder mit Lese- und Rechtschreibstörung eine anfänglich gute Lerneinstellung, welche sich bald in Resignation, Lernunwillen und schulische Versagungsängste wandelt. Aus diesem Grunde ist es bedeutsam, den Verlauf der schulischen Lern- und Leistungsmotiviation zu erfragen.

Die Dauer der Hausaufgaben und die erzieherischen Umstände in dieser Situation können wichtige Hinweise liefern. Meist benötigen Kinder mit Lese- und Rechtschreibschwierigkeiten bereits im Grundschulalter mehr Zeit für die Erledigung der Hausaufgaben als ihre Mitschüler. In der Hausaufgabensituation kommt es häufig zu Konflikten.

Bei der Durchsicht der Zeugnisbeurteilungen der ersten und zweiten Grundschulklasse wird meist deutlich, dass es Diskrepanzen zwischen Lese- und Rechtschreibleistungen und anderen schulischen Fächern gegeben hat.

Bisherige schulische Fördermaßnahmen ebenso wie außerschulische Therapien im Lesen und Rechtschreiben sind zu erfragen. Spezifische diagnostische Maßnahmen zur Lese- und Rechtschreibentwicklung sowie Voruntersuchungen zur allgemeinen gesundheitlichen Entwicklung, insbesondere zum Hör- und Sehvermögen sollten zur Kenntnis gebracht werden.

Erfassung von psychischen Begleitstörungen

Zu erfragen sind Hinweise auf Schulangstsymptome, Schulverweigerungstendenzen oder körperliche Beschwerden, welche regelhaft in den Schulferien und am Wochenende verschwinden. Aktivitäts- und Aufmerksamkeitsstörungen können Hinweise liefern auf das Vorliegen einer hyperkinetischen Störung, welche gekennzeichnet ist durch extreme motorische Unruhe vom frühen Kindesalter an, durch Aufmerksamkeitsstörungen, Impulsivität und leichte Erregbarkeit.

Zeigen sich Aggressivität, Kontaktstörungen, dissoziale Verhaltensauffälligkeiten wie Unwahrheit sagen, etwas wegnehmen, Schule schwänzen, kann eine sogenannte Störung des Sozialverhaltens vorliegen. Entwicklungsstörungen motorischer Funktionen, des Sprechens und der Sprache und des Rechnens sollten bedacht werden. Auch depressive Entwicklungen sind bei Kindern mit Lese- und Rechtschreibschwierigkeiten nicht selten. Lernunlust, Schlafstörungen, Appetitstörungen und Traurigkeit sind Hinweise auf diese Erkrankung. Äußerungen, nicht mehr leben zu wollen, Einnässen, wechselnde körperliche Beschwerden, sozialer Rückzug, Verlust von Spielfreude sind weitere nicht selten zu beobachtende Symptome.

Feststellung von Begleitumständen

Bei der Erstellung der Familienanamnese (Familiengeschichte) ist von Bedeutung, ob bei Eltern, Geschwistern, Onkeln, Tanten oder Großeltern des betroffenen Kindes Sprachschwierigkeiten und Lese- und Rechtschreibschwierigkeiten vorgelegen haben.

Die Art und der Umfang der Unterstützung des Kindes in der Hausaufgabensituation ist zu erfragen. Es ist zu klären, welche Unterstützung seitens der Familie möglich ist. In der schulischen Situation ist relevant, ob ein schulischer Nachteilsausgleich (z. B. keine Benotung der Rechtschreibung, Zeitzuschlag) möglich ist, Förderkurse angeboten werden oder spezifische Unterrichtshilfen zur Verfügung stehen. Es ist ebenfalls zu klären, ob das Kind wegen seiner Lese- und Rechtschreibprobleme in der Schule bloßgestellt und gehänselt wird. Darüber hinaus sind außerschulische Hilfen zu klären, Hausaufgabenhilfen oder Lese-Rechtschreibtherapie, Kontaktmöglichkeiten zum Ortsverband oder Landesverband Legasthenie oder zu Selbsthilfegruppen.

Grundlegend sind die schulischen und beruflichen Absichten des Kindes und der Eltern zu klären.

Standardisierte Diagnostik der Lese- und Rechtscheibfähigkeit

Spezifisch in der Legastheniediagnostik und unerlässlich ist die testdiagnostische Überprüfung des Lesens, des Rechtschreibens und der Intelligenz. Für die unterschiedlichen Klassenstufen werden verschiedene Lese- und Rechtschreibtests angewandt.

Testung der Begabungsvoraussetzungen: Intelligenzniveau

Eine Einschätzung der Intelligenzentwicklung ist notwendig. Eine Intelligenzminderung (geistige Behinderung) ist auszuschließen. Das Intelligenzniveau soll auch deutlich höher sein als das Lese- und Rechtschreibniveau, wenn eine Lese-Rechtschreibstörung diagnostiziert wird. Hierzu werden ausführliche Intelligenztests durchgeführt.

1. Ich komme Klaiech wieder.
2. Du mußt deine Supa essen.
3. Nero Bleibt in meiner Nähe.
4. Bei den Hausaufgaben Braucht man Ruhe.
5. Er liest in Saeinen Buch.
6. Mutti hängt Weche auf.
7. Mich hat eine Wespe Geschtochen .
8. Eine Müke ärgert mich.
9. Ich kann gut Schwimen .
10. Im Frühling wird es Wermer .
11. Das niedliche Kalb trinkt Milch.
12. Ich Schtraeiche mein Regal rot.
13. Die Schwalbe fligt schnell.
14. Wir Schteige auf den Turm.
15. Vater Tregt den Karton.
16. Vati ist Diken als Mutti.
17. Mutter muß die Socken Schtopfen .
18. Der Kranke wird vom Arzt Behantelt .
19. Beim Scheuern muß man sich Büken .

Abbildung 3:
Rechtschreibleistung im Diagnostischen Rechtschreibtest für 2. Klassen (DRT 2) eines achteinhalbjährigen Mädchens am Ende des zweiten Schuljahres; die Begabung war durchschnittlich.

Körperliche und neurologische Untersuchung

Die körperliche Untersuchung beinhaltet eine internistische und neurologische Untersuchung, die in aller Regel auch die Ableitung eines Elektroenzophalogramms (EEG; Ableitung der hirnelektrischen Ströme) einschließt. Immer empfiehlt sich auch eine augenärztliche Untersuchung zur Sehtüchtigkeit und eine ohrenärztliche (pädaudiologische) Überprüfung der Hörfähigkeit.

11. Wie kann man helfen?

Fachleute sind sich einig, wenn das Lesen und Rechtschreiben eines Kindes verbessert werden soll, dann müssen diese Fertigkeiten gezielt geübt werden. Lesen und Schreiben lernt man nur durch Lesen und Schreiben oder durch das Einüben wichtiger Voraussetzungen, wie die Buchstabenkenntnis oder die „phonologische Bewusstheit". Dies wurde in Forschungsstudien wiederholt festgestellt. Alle anderen Maßnahmen halten nicht das, was sie versprechen.

Zunächst einmal ist es wichtig, mit der Förderung im Lesen und Rechtschreiben auf einer Stufe zu beginnen, auf der das Kind etwas kann („Null-Fehler-Grenze"). Fällt es beispielsweise einem Kind schwer, sich die Buchstaben einzuprägen, ist es notwendig einzuüben, welcher Buchstabe zu welchem Laut gehört und umgekehrt („Graphem-Phonem-Korrespondenz"). Merkhilfen für das Einprägen der Buchstaben können dabei nützlich sein. (Das „b" hat vorne einen Bauch, den man „mit der rechten Hand streicheln" kann, während das „d" vorne keinen Bauch zum Streicheln hat.) Im Handel sind zahlreiche, ansprechende Buchstabenspiele erhältlich.

Vergisst das Kind, Buchstaben oder gar Silben in einem Wort aufzuschreiben, hat es meist Probleme, das Wort in die bestehenden Laute zu untergliedern. Hier sind Übungen zur „phonologischen Bewusstheit" sinnvoll, in denen das Kind lernt, genau herauszuhören, welche Laute in einem Wort vorkommen. Das Kind soll lernen, so zu schreiben, wie es spricht (lautgetreues Schreiben = alphabetische Strategie). Dies bedeutet, die Laute in einem Wort zu erkennen und die dazugehörigen Buchstaben in der richtigen Reihenfolge aufzuschreiben (z. B. „tase" gemeint ist Tasse). Gelingt es dem Kind, lautgetreu zu schreiben, müssen schließlich noch die

erforderlichen Rechtschreibregeln (orthographische Regeln) gelernt und richtig angewandt werden (z. B. „Tasse“ und nicht mehr „tase“). Wann werden Wörter groß, wann klein geschrieben? Wann wird ein Mitlaut verdoppelt? Wann kommt ein Dehnungs-h vor? Während ein geübter Leser und Schreiber, gar nicht lange überlegen muss, wie ein Wort gelesen oder geschrieben wird, weil diese Fähigkeiten automatisiert sind, muss einem Kind mit Lese-Rechtschreibschwierigkeiten jeder einzelne Lernschritt bewusst gemacht werden und jede Lese- oder Schreibstrategie, jede Regel besonders erklärt werden. Kinder mit Lese-Rechtschreibschwierigkeiten verfügen nicht über das notwendige Sprachgefühl, um entscheiden zu können, ob ein Wort richtig oder falsch geschrieben ist. Sie müssen sich das Lesen und Schreiben hart erarbeiten.

12. Wie können Eltern helfen?

Eine Lese-Rechtschreibstörung ist nicht ein Ergebnis von Faulheit, mangelnder Intelligenz, falscher Beschulung oder falscher elterlicher Erziehung. Nach einem Schuldigen zu suchen, hat keinen Sinn. Am wichtigsten ist es, dem Kind den Rücken zu stärken: für eine Diagnostik sorgen, die Zusammenarbeit mit der Schule pflegen, Termine für eine Legasthenietherapie sichern, die Interessen und Begabungen des Kindes stärken; es trösten, wenn es enttäuscht ist. Besonders bei den Hausaufgaben ist viel Geduld aufzubringen. Das Kind ist für die Anstrengung, die aufgewandte Zeit des Übens zu loben und nicht für das Ergebnis. Treten Hausaufgabenkonflikte auf, so empfiehlt sich die Unterstützung durch Dritte. Das Kind sollte das Gefühl haben, auch Wertschätzung zu erfahren, wenn die schulischen Leistungen im Lesen und Rechtschreiben schlecht sind. Verständnis der Diagnose erleichtert das Verständnis für die Sorgen des Kindes. Es hilft den Kindern, mit ihnen über ihre Sorgen zu sprechen. Kinder, die schulische Misserfolge erleiden, erleben sich als Versager und entwickeln nicht genügend Selbstvertrauen. Deshalb gilt es, die Stärken eines Kindes zu erkennen und beispielsweise sportliche Aktivitäten oder andere Interessen und Begabungen zu fördern, um dem Kind Erfolge zu ermöglichen und in anderen Bereichen Selbstvertrauen zu entwickeln. Insgesamt sollte die „Lese-Rechtschreibstörung" das Familienleben also nicht dominieren.

Wie können Eltern ihre Kinder beim Lesen- und Schreibenlernen unterstützen?

Um das Lesen zu fördern, bieten sich Bücher mit Kurzgeschichten an, die gemeinsam gelesen werden. Beispielsweise wird der erste Satz oder Abschnitt von Mutter oder Vater gelesen, der nächste Satz oder Textabschnitt vom Kind. Dabei ist stets das laute Vorlesen zu üben. Das leise Lesen ist allerdings zunächst leichter und sollte auch zugelassen werden, wenn anschließend das Kind den Sinn des Gelesenen wiedergeben kann. Um das Rechtschreiben zu verbessern, sollte das Kind ermutigt werden, selbst etwas aufzuschreiben (kleine Briefe, Einkaufszettel, Merkzettel etc.). Das gezielte Schreiben von Wörtern (aus dem Grundwortschatz) oder Buchstaben kann mit Hilfe eines Karteikarten-Systems erfolgen. Die zu übenden Wörter werden auf Karteikarten geschrieben und täglich einzeln diktiert. (Bitte nicht länger als 10 bis 15 Minuten pro Tag!) Wird ein Wort an drei aufeinander folgenden Tagen richtig geschrieben, kann davon ausgegangen werden, dass das Wort beherrscht wird. Die Karteikarte wandert dann in den hinteren Teil des Karteikastens und das Wort wird erst nach einiger Zeit wieder erneut diktiert.

Um Rechtschreibregeln systematisch einzuüben, kann auf ein speziell für Eltern entwickeltes Rechtschreibtraining zurückgegriffen werden. Im „Marburger Rechtschreibtraining“ (von Schulte-Körne & Mathwig, 2001) werden den Kindern mit Hilfe von Merksätzen, die Regeln der Rechtschreibung vermittelt. Hierzu stehen zahlreiche Übungsblätter zur Verfügung, die sehr ansprechend mit Bildmaterialien gestaltet sind, um die Lernmotivation zu steigern. Von Vorteil ist außerdem die Auswahl des Wortmaterials. Es wurde darauf geachtet, dass zunächst einfache Aufgaben erledigt werden müssen, bevor zu schwierigeren übergegangen wird, um den Kindern Erfolgserlebnisse zu verschaffen. Eine wissenschaftliche Überprüfung der Wirksamkeit des Programms zeigte, dass nach zwei Jahren Übungszeit die Fehlerrate im Rechtschreiben deutlich abnahm und sich die Leistungen im Durchschnitt um eine Note verbesserten. Darüber hinaus ließ sich das Selbstwertgefühl der Kinder steigern.

Steht ein Computer zur Verfügung, können unterstützend rechnergesteuerte Rechtschreibprogramme genutzt werden. Bei schwergradiger Lese-

Tabelle 1: Übersicht über die Lern- und Übungsbereiche des Marburger Rechtschreibtrainings (Schulte-Körne et al., 1998)

Lern- und Übungsbereich	Beispiel
Erkennen des kurz gesprochenen Selbstlautes und Schreibung nach kurz gesprochenem Selbstlaut	„Katze“ – Ist der Selbstlaut kurz oder lang gesprochen?
Erkennen des lang gesprochenen Selbstlautes und Schreibung nach lang gesprochenem Selbstlaut	„Hose“ – Ist der Selbstlaut kurz oder lang gesprochen?
Wortarten erkennen	Hauptwort, Tuwort, Eigenschaftswort
Groß- und Kleinschreibung	Das Haus, groß, bringen
Erkennen von Wortstamm, Vor- und Endsilben	Glück, glücklich, glücken, verunglücken
Schreiben von Verben, Grundformbildung	er bringt (bringen), sie schreibt (schreiben)
Ableitregeln zur Schreibung der Endsilben	Wand (Wände), Berg (Berge)
Ableitregeln zur Schreibung gleichklingender Laute	Zähne (Zahn), Zelte (Zelt), Bäume (Baum)
Schreibung von gleichklingendem „Sch“ und „S“	„Schrank“ – „Stein“
Schreibung des stummen h	Lehm, Bühne, ernähren

Rechtschreibstörung und Motivationsproblemen kann ein Computer-Lernprogramm hilfreich sein. Vorteilhaft ist, dass der Computer die Lese- und Rechtschreibleistung emotionsfrei prüft, der Schüler beim Eintippen der Wörter die genaue Reihenfolge der Buchstabenzeichen erinnern muss und sofort eine Rückmeldung gegeben wird. Es empfiehlt sich, Kinder zu Beginn nicht alleine mit dem Lernprogramm, sondern im Beisein eines Elternteils arbeiten zu lassen. Ein Computer-Lernprogramm ersetzt jedoch nicht die Lese-Rechtschreibtherapie, sondern kann ein Baustein der Gesamttherapie darstellen.

13. Wie können Lehrer helfen?

Am wichtigsten ist zunächst, die Diagnose „Lese-Rechtschreibstörung“ ernst zu nehmen. Daraus ergeben sich die Anregungen zur schulischen Unterstützung. Dazu sind von den Schulministerien der meisten Bundesländer Richtlinien formuliert. Diese beinhalten spezifische schulische Förderungsmaßnamen und einen schulischen „Nachteilsausgleich“ (siehe Kapitel 14).

Im schulischen Unterricht wird der Lehrer die Leistungen im Lesen und Rechtschreiben nicht an der Klassennorm messen, sondern er wird die individuellen Leistungsfortschritte hervorheben. Um Kinder zu motivieren, können anstelle der Fehler die korrekt geschriebenen Wörter – beispielsweise in einem Diagramm veranschaulicht – festgestellt werden. Er wird es vermeiden, das Kind laut vorlesen oder an die Tafel schreiben zu lassen, um es nicht vor den Klassenkameraden bloß zu stellen. Er wird die Stärken des Kindes zur Geltung bringen: vielleicht beim Singen, im Sport, im Rechnen – wo auch immer.

Zur Förderung im Lesen und Rechtschreiben wurden Anfang der 90er Jahre einige Lese- und Rechtschreibprogramme entwickelt, die auf einem fundierten wissenschaftlichen Hintergrund basieren und die zumindest in ihren Grundsätzen und ihren Teilen auch von Lehrkäften im Unterricht genutzt werden können. Beispielhaft ist der „*Kieler Lese- und Rechtschreibaufbau*“ (Dummer-Smoch & Hackethal, 1994, 1996) zu nennen, der im frühen Grundschulalter für die Förderung schwacher Leser und Rechtschreiber (sog. „Nullanfänger") geeignet ist. Es wird „lautgetreues" Wortmaterial verwendet, das nach Schwierigkeitsgraden gestuft ist. Bei Kindern mit besonders ausgeprägten Schwierigkeiten beim Erlernen der Buchstaben-Laut-Beziehungen hat sich der Einsatz von „Lautgebärden", die als Merkhilfe für Laute bzw. Buchstaben gedacht sind, in der Praxis bewährt.

Die *„Lautgetreue Rechtschreibförderung"* von Reuter-Liehr (1992) erwies sich ebenfalls als wirksam. Den Ausgangspunkt bildet eine „qualitative Fehleranalyse", um festzustellen, welche Art Fehler das Kind macht. Die Förderung der Rechtschreibung findet gestuft, in ansteigender Schwierigkeit statt. Die lautgetreue Schreibung wird mit Hilfe der rhythmischen Silbendurchgliederung eingeübt.

Zur Vermittlung von Rechtschreibregeln eignet sich das Marburger Rechtschreibtraining von Schulte-Körne und Mathwig (2001), das in Kapitel 12 beschrieben ist. Eine Auswahl von weiteren Lese-Lernprogrammen finden Sie im Anhang.

14. Gibt es schulrechtliche Möglichkeiten?

Schulrecht ist Ländersache. So haben die meisten Bundesländer kultusministerielle Verordnungen zur Feststellung und Förderung von Kindern mit besonderen Schwierigkeiten im Erlernen des Lesens und Rechtschreibens erlassen. Die länderspezifischen Legasthenie-Erlasse sind über den Bundesverband für Legasthenie e.V. (Königstraße 32, 30175 Hannover, Telefon: 0511/318738, Fax: 0511/318739) auf der Internetseite: www.legasthenie.net abrufbar bzw. über die Orts- und Landesverbände Legasthenie zu erfahren. Die meisten „Legasthenie-Erlasse" sehen einen sogenannten „Nachteilsausgleich" vor: bei „anerkannter Lese-Rechtschreibstörung" wird die Rechtschreibung im Deutschen nicht bewertet, d. h. Nachschriften und Diktate werden nicht benotet; diese Regelung gilt auch für Fremdsprachen, z. B. Englisch; bei schriftlichen Arbeiten (in anderen Fächern, wie z. B. Mathematik oder Aufsätzen) dürfen Rechtschreibfehler nicht in die Notengebung eingehen; die Lese-Rechtschreibstörung darf kein ausschließlicher Grund für eine Nichtversetzung sein und auch nicht den Übergang in eine weiterführende Schule verhindern. Mit den Erlassen verbinden sich meist auch Richtlinien für schulische Fördermaßnahmen. Zur innerschulischen Hilfe werden Förderkurse vorgeschlagen und Möglichkeiten der „inneren Differenzierung" im Unterricht.

Bislang beispiellos ist der Legasthenie-Erlass des bayerischen Staatsministeriums für Unterricht und Kultus, der einen Nachteilsausgleich für Kinder mit einer ärztlich festgestellten Lese-Rechtschreibstörung (Legasthenie)

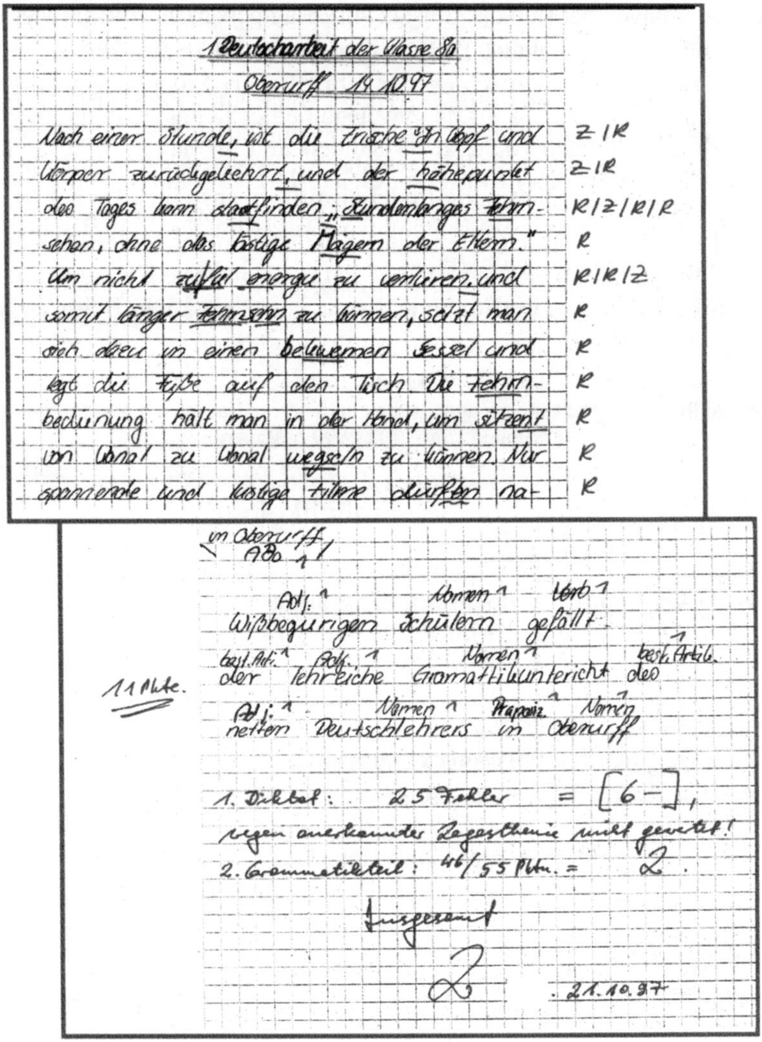
1. Deutscharbeit der Klasse 8a
Oberurff 14.10.97

Nach einer Stunde, ist die Frische in Kopf und Z/R
Körper zurückgeleehrt, und der höhepunkt Z/R
des Tages kann stadtfinden: „Stundenlanges Fehrn- R/Z/R/R
sehen, ohne das lästige Mägern der Eltern." R
Um nicht zufiel energie zu verlieren, und R/R/Z
somit länger Fehrnsehn zu können, setzt man R
sich dazu in einen bekwemen Sessel und R
legt die Füße auf den Tisch. Die Fehrn- R
bedienung hält man in der Hand, um sitzent R
von Kanal zu Kanal wegseln zu können. Nur R
spannende und lustige Filme dürfen na- R

in Oberurff
ABo 1

Adj. 1 Nomen 1 Verb 1
Wißbegierigen Schülern gefällt
best. Art. 1 Adj. 1 Nomen 1 best. Artik. 1
der lehrreiche Gramatikunterricht des
Adj. 1 Nomen 1 Präposiz. 1 Nomen 1
netten Deutschlehrers in Oberurff
11 Pkte.

1. Diktat: 25 Fehler = [6–],
wegen anerkannter Legasthenie nicht gewertet!
2. Grammatikteil: 46/55 Pkte. = 2.

Insgesamt
2
21.10.97

Abbildung 4:
Positives Beispiel der Gewährung eines Nachteilsausgleichs. Schülerin, 14 Jahre, 8. Klasse Gymnasium (in dieser Schule wird bis zur 10. Klasse bei Kindern mit anerkannter Legasthenie die Rechtschreibung nicht gewertet).

vorschreibt. Diese Kinder *müssen* einen Notenschutz erhalten (Muss-Bestimmung), d. h. die Rechtschreibung darf nicht gewertet werden. Dies gilt sowohl im Deutschen bei Nachschriften, Diktaten und Aufsätzen sowie im Englischen, in anderen Fremdsprachen und bei schriftlichen Arbeiten in anderen Fächern. Zur Leistungsfeststellung ist deshalb die mündliche Mitarbeit stärker zu gewichten. Darüber hinaus wird Kindern mit einer Störung im Lesen ein Zeitzuschlag bei schriftlichen Arbeiten gewährt. Als ausreichende Bestätigung für das Vorliegen einer Legasthenie gelten Gutachten, die durch einen Facharzt für Kinder- und Jugendpsychiatrie in Zusammenwirken mit einem im Schuldienst tätigen Schulpsychologen der jeweiligen Schulart erstellt sind. Gemäß des bayerischen Legasthenie-Erlasses darf die Lese-Rechtschreibstörung nicht ausschlaggebend für die Entscheidung sein, ob das betroffene Kind in die nächste Klassenstufe versetzt wird oder eine weiterführende Schule besuchen kann. Beim Wechsel

Tabelle 2:
Beispiele für schulische Fördermöglichkeiten und Nachteilsausgleich aus der Bekanntmachung vom 16.11.1999 in Bayern.

Lese-Rechtschreibstörung		
Fördermaßnahmen	**Nachteilsausgleich**	
	Hilfsmaßnahmen	Leistungsbewertung
Innere Differenzierung im schulischen Unterricht beim Schriftspracherwerb, Rechtschreiben und Sprachübungen sowie Förderstunden durch Klassenlehrer Ab 2. Jahrgangsstufe klassenübergreifende Stütz- und Förderkurse bis einschließlich 10. Jahrgangsstufe Besonderer Förderunterricht kann eingerichtet werden (VSO § 10 Absatz 4, Nr. 1). Zusammenarbeit mit den Erziehungsberechtigten, Information über Fördermaßnahmen, Beratung über außerschulische Fördermöglichkeiten	Bei Leistungsfeststellung ist in allen Fächern ein *Zeitzuschlag* bis zu 50 % zu gewähren. *Mündliches* Abfragen *Vorlesen* von Aufgaben Mediale Hilfen Mündliches Erarbeiten von neuem Lernstoff	*Verzicht auf Leistungserhebungen* für Rechtschreibkenntnisse *Keine Benotung der Rechtschreibung* bei schriftlichen Arbeiten (z. B. Aufsatz) Keine Benotung der Rechtschreibung in anderen Fächern und auch nicht bei Fremdsprachen Gewichtung mündlicher und schriftlicher Noten sind bei Fremdsprachen im Verhältnis 1:1 zu werten. *Zeugnisbemerkung:* „Auf Grund einer fachärztlich festgestellten Legasthenie wurden Rechtschreibleistungen nicht bewertet.“

auf eine weiterführende Schule ist die Lese-Rechtschreibstörung erneut zu bestätigen und die Testdiagnostik zu wiederholen.

Für Schüler mit besonderen Schwierigkeiten im Lesen und Rechtschreiben werden außerdem schulische Fördermaßnahmen (2. bis 10. Jahrgangsstufe) empfohlen, die in Form eines Förderunterrichts angeboten werden können.

Eine Übersicht über die Erlasse in den einzelnen Bundesländern findet sich in dem Buch von Warnke und Mitarbeitern (2002). Beispiele für die in Bayern gegebenen Möglichkeiten der schulischen Förderung und des Nachteilausgleichs sind in Tabelle 2 aufgeführt.

15. Wie können sich Kinder und Jugendliche selbst helfen?

Die meisten Kinder und Jugendlichen erleben die Diagnose einer Lese-Rechtschreibstörung als entlastend. Viele Kinder zweifelten zuvor an ihrer Intelligenz und dachten, sie seien zu „dumm", um richtig lesen und schreiben zu lernen. Es ist deshalb wichtig, das Kind über die Lernstörung aufzuklären und zu verdeutlichen, dass es keine Schuld daran trägt. Das betroffene Kind muss jedoch auch lernen, die Lernschwäche anzunehmen und damit umzugehen. Das eigene Verstehen um die Problematik kann die persönliche Motivation erhöhen, erneute Anstrengung aufzubringen und mit Unterstützung der Eltern und Lehrer weiterhin lesen und schreiben zu üben. Dazu verhelfen gute Beziehungen zu den Lehrkräften. Es ist wichtig, die Lehrer für sich zu gewinnen, nicht die „Schule zu bekämpfen". Ermutigend kann der Kontakt zum Legasthenieverband sein, der Tagungen und Begegnungen mit gleichgesinnten Betroffenen ermöglicht. Lohnend wird es auch sein, die Möglichkeiten einer spezifischen Legasthenietherapie zu nutzen. Motivierend können PC-Lernprogramme wirken, da der Umgang mit dem Computer hohen Aufforderungscharakter hat. Um das Selbstvertrauen zu stärken und die Persönlichkeitsentwicklung zu fördern, sollte das Kind die Möglichkeit haben, seine Stärken zu erkennen und einen Ausgleich z. B. in außerschulischen Aktivitäten (Freizeit und Sport) zu finden.

16. Wer führt Therapien durch?

Der Begriff Legasthenie-Therapeut ist nicht geschützt. Jeder kann sich also mit dieser Bezeichnung schmücken. Es ist zu beachten, dass Therapeuten aus verschiedenen Berufsgruppen stammen können, bedeutend ist jedoch eine spezielle Ausbildung (z. B. ausgebildete Psychologen/Pädagogen/Heilpädagogen/Sprachtherapeuten etc. in niedergelassenen Praxen, Praxen von Kinder- und Jugendpsychiatern, Kliniken für Kinder- und Jugendpsychiatrie, Erziehungsberatungsstellen, sozialpädiatrischen Zentren, speziellen Instituten etc.). Legasthenietherapie ist keine Hausaufgabenunterstützung oder einfache Nachhilfe. Der Therapeut ermöglicht die systematische Einübung von Fertigkeiten des Lesens und Rechtschreibens unter Nutzung spezifischer, pädagogischer und verhaltenstherpeutischer Verfahren. Ein guter Therapeut macht kein Geheimnis aus seiner Therapie, sondern gewährt Eltern Einblicke in seine Arbeit. Halten Sie deshalb guten Kontakt zu dem Legasthenie-Therapeuten und lassen Sie sich über den Verlauf der Therapie und die Fortschritte Ihres Kindes informieren (siehe Warnke, Hemminger, Roth & Schneck, 2002).

Hilfen bei der Suche nach einem geeigneten Lese-Rechtschreib-Therapeuten können die Stellen bieten, die in der Lage sind, die Diagnose zu stellen (z. B. Ärzte für Kinder- und Jugendpsychiatrie und Psychotherapie, psychotherapeutische Praxen, sozialpädiatrische Zentren, Erziehungsberatungsstellen), der schulpsychologische Dienst, die zuständigen Jugendämter und immer der jeweilige Landesverband Legasthenie. Empfehlenswerte Hinweise können auch örtliche Elterngruppen bzw. Selbsthilfeorganisationen geben.

Seien Sie skeptisch, wenn jemand für teures Geld eine „Heilung“ der Lese-Rechtschreibstörung verspricht. Eine Wunderheilmethode gibt es leider nicht.

17. Was geschieht in der Therapie?

Die „Heilung“ der Lese-Rechtschreibstörung zu versprechen, ist unseriös. Es ist wichtig, sich kritisch mit den Therapieangeboten auseinanderzusetzen. Im Folgenden finden sie eine Liste von allgemeingültigen Grundsätzen, die Ihnen bei der Beurteilung der Behandlungsmaßnahme einer Lese-Rechtschreibstörung hilfreich sein soll:

- Die Behandlung sollte so früh wie möglich erfolgen.

- Die Einzeltherapie, in der auf die Lernvoraussetzungen des individuellen Schülers eingegangen wird, ist einer Gruppenförderung überlegen.
- Eine zeitlich engmaschige, mindestens einmal wöchentliche Therapieeinheit, verbunden mit systematischen, täglichen Übungen in Zusammenarbeit mit den Eltern ist empfehlenswert.
- Die Dauer der Therapie umfasst in der Regel 1 bis 2 Jahre und setzt fortdauernde, regelmäßige Übungseinheiten voraus.
- Der inhaltliche Schwerpunkt der Übungsbehandlung liegt im Einüben des Lesens und Rechtschreibens.
- Die Lernprogramme stützen sich auf folgende Lerninhalte: Die Schulung im Umgang mit den lautlichen Eigenschaften der Schriftsprache (phonologische Bewusstheit) sowie der Verknüpfung von Lauten (Phonemen) mit den visuellen Lautzeichen (Buchstaben = Graphemen) sind grundlegend. Dies beginnt mit dem Lesen und dem Rechtschreiben von einfachen, lautgetreuen Wörtern bis später schwierige Wörter eingeübt werden. Das Lernen wird unterstützt durch Übungen zum rhythmischen Silbenzergliedern. Schließlich werden Rechtschreibregeln explizit erklärt und Merkhilfen gegeben, die das Anwenden der Regeln erleichtern sollen.
- Unterstützend können Konzentrationsübungen oder Übungen zur Visuo-Motorik stattfinden, wenn das Kind in diesen Bereichen Schwächen aufweist. Ein Konzentrations- oder visuo-motorisches Training alleine kann jedoch nicht ausreichend die Lese-Rechtschreibstörung behandeln.
- Die Einbeziehung von Eltern und Lehrer in Planung, Organisation und Durchführung der Therapie ist unerlässlich. Eltern sollten sich als Helfer bei den Hausaufgaben entlasten, wenn die erzieherischen Konflikte so schwerwiegend werden, dass die Eltern-Kind-Beziehung darunter leidet und auch dann wenn die Eltern nicht die Zeit dazu haben.

Seit Beginn der 90er Jahre wurden wirksame Trainingsprogramme entwickelt, die auf den neuesten wissenschaftlichen Erkenntnissen beruhten. Eine Übersicht finden Sie im Anhang. Erkundigen Sie sich, nach welchen Behandlungsmethoden Ihr Legasthenie-Therapeut arbeitet. Ein seriöser Therapeut informiert Sie gerne über sein Förderkonzept.

18. Können Medikamente helfen?

Lese-Rechtschreibstörungen können nicht medikamentös behandelt oder gar geheilt werden. Eine medikamentöse Unterstützung ist jedoch sinnvoll, wenn neben der Legasthenie weitere psychische Störungen bestehen, die durch Medikamente beeinflusst werden können. Dies trifft beispielsweise für die hyperkinetische Störung zu. Die eingangs beschriebenen Probleme Philipps weisen auf eine hyperkinetische Störung hin, die durch eine Aufmerksamkeitsstörung, erhöhte motorische Unruhe und Impulsivität gekennzeichnet ist. Bei Kindern mit Legasthenie und hyperkinetischer Störung kann sich unter einer Stimulanzientherapie (z. B. Ritalin®, Medikinet®) die Anzahl der Flüchtigkeitsfehler vermindern, die Handschrift kann ordentlicher werden und die Konzentrationsfähigkeit kann sich wesentlich verbessern. Ob eine Stimulanzienbehandlung in Frage kommt, ist durch eine fachärztliche kinder- und jugendpsychiatrische Untersuchung zu klären.

19. Wer bezahlt das alles?

Bislang ist die Behandlung einer Lese-Rechtschreibstörung noch keine grundsätzlich anerkannte kassenärztliche Leistung. Krankenkassen zahlen die Legasthenie-Therapie leider nur unter bestimmten Voraussetzungen (z. B. wenn eine „neurotische Störung“ vorliegt, eine „Hirnschädigung“ nachgewiesen ist usw.). Die diagnostischen Maßnahmen (fachärztliche Untersuchung mit psychologischer Diagnostik) ist immer Teil der Leistungspflicht der Krankenkassen. Im Einzelfall werden die Kosten für eine außerschulische, individuelle Therapie der Lese-Rechtschreibstörung vom zuständigen Jugendamt getragen, wenn in Folge des Lernversagens eine „seelische Behinderung“ droht (siehe Kapitel 21). Oftmals müssen Eltern die Behandlungsmaßnahmen auch selbst finanzieren.

20. Gibt es sozialrechtliche Hilfen?

Im Einzelfall erfolgt eine Finanzierung der außerschulischen Legasthenie-Behandlung über das Jugendamt. Eltern müssen hierzu einen formlosen Antrag auf Eingliederungshilfe gemäß § 35 a des Sozialgesetzbuchs (SGB) VIII (bzw. IX) stellen. Diese Maßnahme der Jugendhilfe tritt dann in Kraft, wenn in einem Begutachtungsverfahren diagnostisch festgestellt wurde, dass durch die Lese-Rechtschreibstörung bedingt eine sogenannte „seelische Behinderung“ droht oder bereits vorhanden ist. Eine seelische Behinderung besteht oder droht, wenn in Folge der Lese-Rechtschreibstörung die soziale und schulische Eingliederung in die Gemeinschaft gefährdet ist. Die Entscheidung, ob die Kriterien für eine zumindest drohende seelische Behinderung vorliegen und die gesetzlichen Voraussetzungen für die Gewährung der Eingliederungshilfe erfüllt sind, liegt bei dem örtlich zuständigen Jugendamt.

Neben einem fachärztlichen Gutachten eines Kinder- und Jugendpsychiaters erbitten die meisten Jugendämter zur Entscheidungsfindung zusätzlich eine schriftliche Stellungnahme des Klassenlehrers über Schulleistungen und Schülerverhalten, Schulzeugnisse in Kopie und Auskünfte der Schulleitung, ob ein schulischer Förderunterricht angeboten wurde, außerschulische Födermaßnahmen sich seitens der Schule empfehlen und ob ein Nachteilsausgleich entsprechend der länderspezifischen „Legasthenie-Erlasse“ gewährt worden ist.

21. Begutachtung: Was ist zu tun?

In der Regel erfolgt die Begutachtung durch den Facharzt für Kinder- und Jugendpsychiatrie und -psychotherapie. Die einzelnen diagnostischen Untersuchungen können jedoch grundsätzlich von dafür qualifizierten Fachkräften durchgeführt werden (z. B. Schulpsychologen; sozialpädiatrische Zentren mit interdisziplinärer Zusammensetzung der Fachkräfte; Kinderärzte mit kinder- und jugendpsychiatrischer Weiterbildung; Erziehungsberatungsstellen mit entsprechender Qualifikation, approbierte Kinder- und Jugendlichenpsychotherapeuten und approbierte Psychologische Psychotherapeuten, wenn sie die erforderlichen Kenntnisse und Erfahrungen erworben haben).

Grundlage des ärztlichen Gutachtens zur Beantragung der Eingliederungshilfe nach § 35 a SGB VIII (IX) ist das „Multiaxiale Klassifikationsschema für psychische Störungen des Kindes- und Jugendalters“ nach ICD-10 der Weltgesundheitsorganisation (WHO) (Remschmidt, Schmidt & Poustka, 2001):

- *Achse 1:* Eine fachärztliche Untersuchung sollte klären, ob eine psychische Störung vorhanden ist, die im Zusammenhang mit der Lese-Rechtschreibstörung steht und ob die psychische Störung eine Ursache, eine komorbide Begleiterkrankung oder eine Sekundärfolge des Lernversagens darstellt.
- *Achse 2:* In einer psychologischen Untersuchung ist anhand von standardisierten Lese- und Rechtschreibtests zu prüfen, ob ein Versagen im Lesen und Rechtschreiben vorliegt.

- *Achse 3:* Das Intelligenzniveau ist ebenfalls mittels psychologischer Testverfahren zu bestimmen. Es ist festzustellen, ob zwischen der Intelligenz und Lese-Rechtschreibleistung eine signifikante Diskrepanz besteht. (Die T-Wert-Diskrepanz sollte ≥ 12 Punkte betragen.)
- *Achse 4:* Die fachärztliche Untersuchung, die eine Messung der Hirnströme (EEG) beinhaltet, sollte ausschließen, dass eine neurologische Erkrankung (z.B. Epilepsie, Zerebralparese) die Lese-Rechtschreibschwierigkeiten verursacht. Eine Seh- oder Hörstörung – ggf. im Rahmen einer augenärztlichen oder pädaudiologischen Untersuchung – oder eine andere körperliche Beeinträchtigung ist ebenfalls auszuschließen. Es ist ebenso festzustellen, ob etwa körperliche Beschwerden bestehen, die sekundär in Folge des Versagens im Lesen und Rechtschreiben entstanden sind.
- *Achse 5:* Im Gutachten sind die psychosozialen Lebensumstände des Kindes zu beleuchten. Es ist darzustellen, ob eine schulische Förderung des Kindes bzw. Nachteilsausgleich stattfindet und ob darüber hinaus eine außerschulische Therapie angezeigt ist.
- *Achse 6:* Schließlich ist zu beurteilen, inwieweit auf Grund des Versagens im Lesen und Rechtschreiben die psychosoziale Anpassung des Kindes beeinträchtigt ist. Es ist zu klären, ob Begleiterscheinungen der Legasthenie (Schulunlust, Motivationsverlust, Schulangst/Prüfungsangst, depressiver Verstimmung, Störung des Sozialverhalten usw., siehe Kapitel 7) zu erkennen sind.

Die abschließende Stellungnahme im Gutachten fasst die Ergebnisse der sechs Untersuchungsbereiche zusammen. Mit ihr wird festgestellt, inwieweit in Folge der Lese-Rechtschreibstörung eine Gefährdung der sozialen Eingliederung vorliegt.

22. Kann man Legasthenie vorbeugen?

Der Entwicklung von Lese- und Rechtschreibschwierigkeiten kann im Vorschulalter vorgebeugt werden. Als besonders wirksam erwies sich ein Präventionsansatz, der die „phonologische Bewusstheit“ bei Vorschulkindern förderte. Phonologische Bewusstheit meint die Fähigkeit, Einsicht in die Lautstruktur der gesprochenen Sprache zu haben, d.h. sprachliche Einheiten wie Wörter, Reime, Silben und Buchstabenlaute (Phoneme) erkennen zu können. Mit der vorschulischen Förderung der phonologischen Bewusstheit können notwendige Voraussetzungen geschaffen werden, die den Kindern das Lesen- und Schreibenlernen in der Schule nachweisbar erleichtern.

Das Förderprogramm „Hören, lauschen, lernen“ (Küspert & Schneider, 2000) zur Steigerung der phonologischen Bewusstheit besteht aus sechs Übungseinheiten, die aufeinander aufbauen. Im 1. Übungsabschnitt lernen die Vorschulkinder in *Lauschspielen,* ihre Aufmerksamkeit auf Geräusche und Laute in der Umgebung zu richten. Den Kindern wird bewusst gemacht, dass Sprache etwas ist, worauf man hören und lauschen muss. In *Reimspielen* (2. Übungsabschnitt) werden die Kinder für die Lautstruktur der Sprache sensibilisiert, indem sie auf den Klang der Sprache achten. Der 3. Übungsabschnitt befasst sich mit den sprachlichen Konzepten „*Satz und Wort*“. Die Kinder erfahren, dass Sätze aus Wörtern bestehen sowie Wörter zu einem neuen Wort zusammengefügt werden können (aus „Schnee“ und „Mann“ wird „Schneemann“) oder umgekehrt ein zusammengesetztes Wort in einzelne Wörter zerlegt werden kann. Im 4. Übungsabschnitt wird in *Silbenspielen* das Erkennen von Silben im Wort durch Händeklatschen und rhythmisches Sprechen geschärft. Im 5. Übungsabschnitt soll der *Anfangslaut* eines Wortes „herausgehört“ werden. In der 6. und letzten Übungseinheit werden die Vorschulkinder für die Buchstabenlaute (Phoneme) innerhalb eines Wortes sensibilisiert. Isoliert vorgesprochene Laute sollen von den Kindern zu einem Wort verbunden werden (Lautsynthese) und umgekehrt sollen die Kinder die einzelnen Laute in kurzen Wörtern selbst erkennen und „heraushören“ (Lautanalyse). Das Förderprogramm wird idealerweise von den Erzieherinnen eines Kindergartens über den Zeitraum von 20 Wochen täglich (ca. 10 bis 15 Minuten) durchgeführt. Ein detaillierter Zeitplan legt genau fest, welche Spiele zu welchem Zeitpunkt umgesetzt werden.

In Würzburger Forschungsstudien ließ sich nachweisen, dass geförderte Vorschulkinder im Vergleich zu nicht-geförderten später bessere schulische Leistungen im Lesen und Rechtschreiben erbrachten. Besonders auch „schwache“ Vorschulkinder profitierten von der Förderung in der phonologischen Bewusstheit, wenn sie zusätzlich noch das Prinzip der Buchstaben-Laut-Zuordnung erlernten (Plume & Schneider, 2003). Die „schwachen“ Vorschulkinder hatten auf Grund der Förderungen einen leichteren Start in der Schule und wurden mit dem notwendigen Rüstzeug für das Lesen- und Schreibenlernen ausgestattet. Insgesamt lassen sich durch eine gezielte vorschulische Förderung der phonologischen Bewusstheit günstige Voraussetzungen schaffen, die der Entwicklung von Lese-Rechtschreibschwierigkeiten vorbeugen können.

Literaturhinweise

Deutsche Gesellschaft für Kinder- und Jugendpsychiatrie und Psychotherapie et al. (2003). *Leitlinien zur Diagnostik und Therapie von psychischen Störungen im Säuglings-, Kinder- und Jugendalter*. Köln: Deutscher Ärzte-Verlag.

Dilling, H., Mombour, W. & Schmidt, M.H (Hrsg.) (1991). *Internationale Klassifikation psychischer Störungen. ICD 10 Kapitel* V, Klinisch-diagnostische Leitlinien. Bern: Huber.

Jansen, H., Mannhaupt, G., Marx, H. & Skowronek, H. (1999). *Bielefelder Screening zur Früherkennung von Lese-Rechtschreibschwierigkeiten BISC*. Göttingen. Hogrefe.

Grimm, T., Noethen, M. & Schulte-Körne, G. (1998). Zur Genetik der Legasthenie. *Sprache, Stimme, Gehör, 22,* 8-12.

Remschmidt, H., Schmidt, M. & Poustka, F. (2001). *Multiaxiales Klassifikationsschema für psychische Störungen des Kindes- und Jugendalters nach ICD-10 der WHO*. Bern: Huber.

Suchodoletz, W. von (Hrsg.) (2003). *Therapie der Lese-Rechtschreibstörung (LRS)*. Stuttgart: Kohlhammer.

Warnke, A. (2003). Lese- und Rechtschreibstörung. In: Herpertz-Dahlmann, B., Resch, F., Schulte-Markwort, M. & Warnke, A. (Hrsg.), *Entwicklungspsychiatrie*. Stuttgart: Schatthauer.

Warnke, A., Hemminger, U. & Plume, E. (2004). *Lese-Rechtschreibstörungen. Leitfaden Kinder- und Jugendpsychotherapie*. Göttingen: Hogrefe.

Warnke, A., Hemminger, U., Roth, E. & Schneck, S. (2002). *Legasthenie – Leitfaden für die Praxis*. Göttingen: Hogrefe.

Anhang

Förderprogramme

Dummer-Smoch, L. (1998). *Mit Phantasie und Fehlerpflaster. Hilfen für Eltern und Lehrer legasthenischer Kinder.* (3. Auflage). München: Reinhardt.

Dummer-Smoch, L. & Hackethal, R. (1994). *Handbuch zum Kieler Leseaufbau* (4. überarbeitete Auflage). Kiel: Veris-Verlag.

Dummer-Smoch, L. & Hackethal, R. (1996). *Handbuch zum Kieler Rechtschreibaufbau* (3. überarbeitete Auflage). Kiel: Veris-Verlag.

Ganser, B. (2000). *Lese-Rechtschreibschwierigkeiten.* Diagnose, Förderung, Materialien. Donauwörth: Auer.

Grissemann, H. (1998). *Psycholinguistische Lese-Rechtschreibförderung.* Eine Arbeitsmappe zum klinisch sonderpädagogischen Einsatz. (2. vollständig überarbeitete Auflage). Bern: Huber.

Grissemann, H. & Rosen, H. (1997). *Lesen, denken, schreiben* (Band 1 und 2). Rangendingen: Lipura.

Hackethal, R. (1995). *Zehn Schritte zur Rechtschreibung.* Gemeinsam richtig anfangen. Schwerin: Megalopolis-Verlag.

Kossow, H.-J. (1979). *Therapie der Lese-Rechtschreibschwäche.* Berlin: Deutscher Verlag der Wissenschaften.

Kossow, H.-J. (1991). *Leitfaden zur Bekämpfung der Lese-Rechtschreibschwäche.* Übungsbuch und Kommentare (2. Auflage). Berlin: Deutscher Verlag der Wissenschaften.

Küspert, P. & Schneider, W. (2000). *Hören, lauschen, lernen.* Sprachspiele für Kinder im Vorschulalter. Würzburger Trainingsprogramm zur Vorbereitung auf den Erwerb der Schriftsprache (2. Auflage). Göttingen: Vandenhoeck & Ruprecht.

Naegele, I.M. & Valtin, R. (Hrsg.) (2000). *LRS in den Klassen 1-10* (Band 1 und 2). Weinheim: Beltz.

Plume, E. & Schneider, W. (2003). Hören, lauschen, lernen 2. Spiele mit Buchstaben und Lauten für Kinder im Vorschulalter. Göttingen: Vandenhoeck & Ruprecht.

Reuter-Liehr, C. (1992). *Lautgetreue Rechtschreibförderung.* Bochum: Winkler-Verlag.

Schulte-Körne, G. & Mathwig, F. (2001). *Das Marburger Rechtschreibtraining.* Ein regelgeleitetes Förderprogramm für rechtschreibschwache Schüler. Bochum: Dr. Winkler-Verlag.

Tacke, G. (1999a). *Flüssig lesen lernen.* Übungen, Spiele und spannende Geschichten. Ein Leseprogramm für den differenzierenden Unterricht, für Förderkurse und für die Freiarbeit. Je ein Heft für Klasse 1-2, 2-3 und 4-5 (2. Auflage). Donauwörth: Auer.

Tacke, G. (1999b). *Mit Hilfe der Eltern: Flüssig lesen lernen.* Übungen, Spiele und eine spannende Geschichte. Je ein Heft für Klasse 1-2, 2-3 und 4-5 (2. Auflage). Donauwörth: Auer.

Literaturhinweise für Eltern

Firnhaber, M. (1996). *Legasthenie und andere Wahrnehmungsstörungen.* Wie Eltern und Lehrer helfen können. Frankfurt: Fischer.

Klasen, E. (1997). *Legasthenie.* Umschriebene Lese-Rechtschreibstörung. Informationen und Ratschläge. Weinheim: Chapman & Hall.

Küspert, P. (2001). Wie Kinder leicht lesen und schreiben lernen. Ratingen: Oberstebrink.

Lohmann, B. (1997). *Müssen Legastheniker Schulversager sein?* München: Reinhardt.

Literaturhinweise für Eltern und Therapeuten zur hyperkinetischen Störung

Aust-Claus, E. & Hammer, P.M. (1999). *Das A.D.S.-Buch.* Aufmerksamkeits-Defizit-Syndrom. Neue Konzentrations-Hilfen für Zappelphilippe und Träumer. Ratingen: Oberstebrink.

Döpfner, M., Schürmann, D. & Lehmkuhl, G. (2000). *Wackelpeter und Trotzkopf.* Hilfen bei hyperkinetischem und oppositionellem Verhalten. 2., überarb. Auflage. Weinheim: Beltz.

Döpfner, M., Fröhlich, J. & Lehmkuhl, G. (2000). *Ratgeber Hyperkinetische Störungen.* Informationen für Betroffene, Eltern, Lehrer und Erzieher. Ratgeber Kinder- und Jugendpsychotherapie, Band 1. Göttingen: Hogrefe.

Imhof, M., Skrodzki, K. & Urzinger, M. (1999). *Aufmerksamkeitsgestörte, hyperaktive Kinder und Jugendliche im Unterricht.* Donauwörth: Auer.

Lauth, G., Schlottke, P.F. & Naumann, K. (2000). *Rastlose Kinder, Ratlose Eltern.* Hilfen bei Überaktivität und Aufmerksamkeitsstörungen. München: DTV.

Neuhaus, C. (2000). *Hyperaktive Jugendliche und ihre Probleme.* Berlin: Urania.

Steinhausen, H.-C. (Hrsg.) (2000). *Hyperkinetische Störungen bei Kindern, Jugendlichen und Erwachsenen.* 2. Auflage. Stuttgart: Kohlhammer.